1

EL PODER DE LA VOZ

Cat Yuste

Diseño de cubierta: Diego Castillo.
Ilustración de portada: Paula Pupo,
En base a una fotografía de Ricardo Fernández.
Diseño de ilustración interior: Verónica González del Río

2ª edición impresa: febrero, 2019

A "mis voces".

"La voz humana es el más bello instrumento, pero es el más difícil"
Richard Strauss

Prólogo

A veces, no es fácil explicar con palabras lo que la pasión y el corazón nos quieren decir. Hace falta "una chispa" que desencadene una reacción y, en consecuencia, una acción. Y cuando descubres que tienes a tu alrededor todo lo necesario para llevar a cabo esa idea, no hay más que ponerse manos a la obra. Pero, para que un proyecto cobre vida, necesitamos unos gramos de osadía, toneladas de ilusión y constancia y, en algunos momentos, grandes dosis de firmeza.

"Esa chispa", que hizo arder mi cerebro, puedo calificarla "con nombre propio": Cat Yuste.

Sus criaturas, como ella llama a los personajes de sus relatos, fueron los culpables de que un tipo como yo apostase por la fuerza de las palabras y por la magia que estas desprenden cuando están bien dichas, surgiendo así EL PODER DE LA VOZ.

Cuando te rodeas de gente que arde por dentro, de amigos que se implican y se tiran de cabeza a la piscina cuando les propones algo de lo que no existe un precedente, te das cuenta de que lo que estás haciendo quizá no sea una locura («¡Tú estás loco!», decía mi querida Cat) y sea una realidad hecha con el corazón de todos y cada uno de los actores que participaron desinteresadamente por una buena causa.

Si a esto le sumamos el marco incomparable que es el Teatro Victoria de la ciudad de Talavera, el respetuoso y ejemplar público que allí se dio cita, el presentador, los músicos y los colaboradores que pusieron su grano de arena, estaba claro que, lo que se iba a respirar en el ambiente ese día, no podía ser otra cosa que magia.

Un tipo feliz y muy emocionado. Así me sentí ese día.

Y hoy me siento un privilegiado al escribir este prólogo, que me ha permitido contar con palabras lo que mi corazón siente. Gracias, Cat. Despertaste en mí una chispa que hoy se ha convertido en llama. No solo has luchado a mi lado en este proyecto, has conseguido mi admiración como escritora. Eres grande, muy grande. Pero lo más importante, se ha forjado un vínculo, una amistad, un lazo de experiencias que nos une. Por eso, aunque nunca te lo digo (sabes que me encanta hacerte rabiar), hoy lo grito bien alto: te quiero.

CARLOS MORENO PALOMEQUE
(Director de EL PODER DE LA VOZ)

Presentación

Bienvenidos a este excepcional marco, el Teatro Victoria de Talavera, espacio de la cultura, de la música, del teatro y, hoy, del arte de las palabras. Bienvenidos, especialmente, a todos los que, desde algún punto fuera de la ciudad de la cerámica, habéis querido estar presentes en este acto. Y, principalmente, bienvenidos todos y cada uno de los profesionales que vais a dar vida, en este escenario, a los textos que una vez estuvieron en la mente de nuestra admirada Cat Yuste.

Desde ahora, este Teatro, sus rincones, sus recovecos, vuestros oídos, van a percibir el poder de la voz. Este instrumento de comunicación del ser humano, el mejor que se haya inventado, para emocionarnos, para convencernos, para conmovernos o, incluso también, la voz puede hacer que nos enamoremos.

Lo que estoy seguro es que, hoy, las palabras, que serán dichas por distintas voces, os van a llegar al alma.

Pero para dar vida, para dar voz a un texto, este tiene que ser escrito desde el corazón. Los relatos que vais a escuchar han sido construidos por un personaje que nació en las redes sociales con un blog titulado "Cuentos de Cat".

Después de ganar el premio Tiflos, uno de los más importantes y prestigiosos de este país, se descubrió el misterio. Cat es un seudónimo tras el que se esconde la escritora segoviana Beatriz Sebastián.

Amante del doblaje y de las buenas voces, eligió al actor José Luis Gil para poner voz al primero de su larga lista de cuentos "Con voz propia".

Cat Yuste, que está aquí con nosotros, que nos ve, a su manera, que nos siente... Muchas gracias por tu sensibilidad, por tu implicación y por prestarnos esta tarde/noche tus historias y tus cuentos.

JESÚS OLMEDO
(Extracto de la presentación del evento EL PODER DE LA VOZ).

"PARA SONIA"

Un viaje de cine a través del sonido.

"PARA SONIA" es un cortometraje documental. A priori, parece una experiencia cazada al vuelo por una cámara, donde una chica ciega se encuentra con las distintas voces que han ido forjando su vida y sus recuerdos cinematográficos.

A día de hoy, (septiembre de 2016), ha cosechado nacional e internacionalmente trece premios, entre los que destacan el premio del público en el festival Jamesonnotodofilmfest, el premio del jurado joven a mejor cortometraje en el festival de Cine y derechos humanos de San Sebastián o el reciente premio del público en la 28 semana del cine español de Mula. Además ha sido seleccionado como único cortometraje en la sexta bienal de arte contemporáneo de fundación once.

Está claro que siento predilección por este corto, no solo por lo que significó en mi vida y por la gente que conocí gracias a él, sino también por el fondo, por la forma, por la perfecta ejecución de los juegos de cámara, por ese guión que nos lleva de una película a otra despertando en nuestra memoria todos los recuerdos, a la vez que vemos como Sonia va de mano en mano, conteniéndose, hasta que, al final y como todos, no puede evitar sonreír y llorar.

Y en eso consiste el cine, en historias que emocionan, que nos llegan, que nos cogen de las solapas y nos agitan por dentro. Eso es lo que me pasó con este corto. Me emocionó y me hizo recordar esas películas, esos momentos; y disfrutar, de nuevo, de las voces, de los actores de doblaje, que una vez las dieron vida.

Sergio Milán, fundador de La Jartá Teatro y Audiovisual, actor, guionista y realizador, es el responsable de "Para Sonia". Y, por suerte para mí, se animó a participar en este evento desde el minuto uno, dándonos su apoyo y sus ideas.

Gracias, Sergio, por un corto inclusivo: para los que ven, los que no, los que saben de cine, los que acaban de aterrizar en este mundo, con las historias que nos han marcado y con esas voces que para muchos son la única manera que tenemos de ver cine. Gracias, por conseguir el equilibrio perfecto, regalándonos una historia deliciosa, tierna, evocadora, reivindicativa también y, sobre todo, inclusiva. Y, por supuesto, te agradezco que nos encontraras el nombre perfecto para este evento.

«Pocos momentos recuerdo tan mágicos como aquella tarde en Talavera en la que nuestro humilde corto, "Para Sonia", se convirtió en la mecha que dio paso a una explosión de tanto talento hecho voz, dando vida al maravilloso lienzo de palabras pintado por la creadora de sentidos, Cat Yuste».

Sergio Milán

EL PODER
DE LA VOZ

PEPE MEDIAVILLA

Es muy difícil resumir una carrera de más de cincuenta años en un par de pinceladas. Pero si os digo que es Morgan Freeman o Ian Maquelan (Gandalf), en El Señor de los Anillos, seguro que os viene su voz a la cabeza.

El Decano de todos los que estuvieron en EL PODER DE LA VOZ, el Maestro, para quien hice este texto a medida, con su vida, como sincero y humilde homenaje a su trabajo en todos estos años. Un homenaje que hago extensible a los actores y actrices de doblaje que me han hecho amar las historias que llegan a mis oídos, con más fuerza que mil imágenes.

Pepe Mediavilla es uno de los históricos del doblaje. Es sabiduría en estado puro. Imposible no quererle cuando le conoces, imposible no admirarle cuando le escuchas.

Él fue el responsable de abrir con su texto EL PODER DE la voz, DEMOSTRANDO Que la experiencia es un grado, poniéndonos los pelos de punta, en mitad de un increíble silencio roto, únicamente, por un sincero y sentido aplauso de un teatro repleto.

Gracias, Pepe, por todo lo que me has enseñado, por tu dedicación, por tu esfuerzo y por tu arte.

«En mi vida artística he pasado momentos muy buenos y malos, pero uno de los que me satisfizo más fue

cuando, en Talavera de la Reina, dije lo que para los actores significa ser Actor/Actriz de doblaje. Quizás el público no lo entienda demasiado pero, cuando te penetra dentro, es lo más maravilloso del mundo. Felicito desde aquí a Cat Yuste, porque su pluma describió perfectamente lo que los actores/actrices llevamos dentro. Un abrazo a todos los que aman esta profesión».

Pepe Mediavilla

Pepe falleció el 19 de abril de 2018, a ocho días de cumplir 78 años. Toda la familia del PODER DE LA VOZ lamentó profundamente su pérdida.

Por ello, y como agradecimiento a su entrega y dedicación hasta el último día, quisimos hacerle un sentido homenaje en la IV edición de EL PODER DE LA VOZ.

El público que abarrotaba el Teatro, puesto en pie durante varios minutos, demostró el inmenso cariño y la total admiración que todos sentimos por Pepe.

EL PODER DE LA VOZ

Seguro que me has oído mil veces, incluso sin darte cuenta de que soy yo. Te he hecho llorar, te he hecho reír, enfadarte, odiarme y enamorarte de mí. He logrado convencerte de que eres la única persona en el mundo que me está escuchando y, al mismo tiempo, he conseguido incluirte dentro de todos aquellos que estaban sentados en el cine, a tu alrededor, atentos y en silencio, como tú.

Mis intenciones y mis carcajadas, mis enfados y mis lágrimas son verdad cuando tú las escuchas, cuando tú las sientes.

He llegado hasta ti contándote una historia que ahora forma parte de tu vida y, esa misma tarde, he pasado a tu lado, he ido sentado contigo en el autobús, he olvidado mi paraguas en tu cafetería, hemos coincidido ojeando el mismo libro que, quizá, acabe leyendo para ti.

Me he sentado a tu lado en una terraza a tomar un café mientras, en la mesa de al lado, alguien desguazaba la última película en la que he participado, sin piedad y sin pudor.

He hecho tantas cosas, tantas... He sido un Dios negro en más de una ocasión, también un ser diabólico hasta dejarme la voz, he tenido mis "Días de radio", me he metido bajo la piel de un policía al borde de la jubilación, he gritado con todas mis fuerzas «¡No puedes pasar!» y, hasta incluso, he sido un orgulloso Don Quijote por las tierras de La Mancha.

y siempre ahí, mientras tiendes la ropa o das

la merienda a los niños, cuando vuelves del trabajo y te derrumbas en el sofá, en los turnos de noche y en las tardes de calor, a tu lado, pasando desapercibido sin que me hayas puesto cara, sin que sepas mi nombre, pero conociendo cada matiz de mi voz.

¿Aún no sabes quién soy?

Yo soy un actor de doblaje y he conseguido todas estas cosas desde la oscuridad de una sala, con un atril, un micrófono y mi voz, con mi interpretación, porque ese es mi trabajo: ser actor.

Cuando estoy frente al atril, mi corazón late al ritmo del actor al que presto mi voz. Trasmito sus sensaciones, lo que dicen sus ojos, sus gestos; y lo convierto en ese "algo" que te llega dentro, en lo más profundo, provocando que dispares tus emociones.

Y esa es mi gran satisfacción, lo que me llena, saber que formo parte de la magia que envuelve a una película, a una serie, a una historia... Ver que mi voz, que mi manera de actuar, que todo esto te llega, te transmite, te impregna y te influye, te cambia Y te conmueve. Te emociona. Ríes y lloras y, en parte, es por lo que yo digo, por cómo lo digo, por mi interpretación.

Disfruto tanto con lo que hago que no importa si no conoces mi nombre o si no interrumpes mi paseo para que te firme un autógrafo, tampoco si no hay premios convertidos en estatuillas doradas, porque cuando repites alguna de mis frases, me imitas, estás reconociendo mi trabajo y es entonces cuando todo el esfuerzo ha merecido la pena.

He conseguido el truco perfecto, crearte la

ilusión sin que seas capaz de descubrir la
tramoya que esconde. Eso es lo importante.

Y así verás que, cuando yo me haya ido,
seguiré contigo, formando parte de ti, porque este
es el verdadero poder de la voz.

CARLOS MORENO PALOMEQUE

Impulsor del proyecto EL PODER DE LA VOZ. Director de este evento, con todo lo que eso conlleva. Y actor de doblaje. Ha participado en películas como X-Men: días del futuro pasado, Ted II y es la voz del cadete Mahoney en el espectáculo Loca Academia de Policía en el Parque Warner de Madrid, entre otras muchas cosas.

Escribir un cuento puede ser fácil. Buscarle una voz que lo dé vida, quizá se complique un poco. Encontrar un amigo no es tan sencillo. Pero encontrar un amigo loco, un tipo sin miedo que se lance de cabeza cuando algo le emociona, le motiva, le llega, es aún más complicado.

Creo que las mejores cosas suceden por casualidad y que, algo o alguien, nos va poniendo en el camino a las personas que nos convierten en lo que somos. Yo, desde que conozco a Carlos, no he dejado de hacer locuras. Locuras que se contagian a los de alrededor y se convierten en momentos que siempre recordaremos.

Está claro que Carlos tiene ese toque de locura necesario de quien se arriesga, de quien pone todo su corazón en lo que hace y, gracias a eso y al esfuerzo, las cosas surgen, avanzan y llegan a buen puerto.

El cuento Alex siempre tendrá su voz y su impronta. Con la energía de alguien que sabe llevar las riendas, de alguien que es capaz de llevar el peso de un trabajo hercúleo, difícil, complejo, pero muy gratificante cuando sale bien

—y este salió de lujo—, consiguiendo un evento irrepetible, cuajado de momentos únicos que perdurarán en el tiempo y en nuestra memoria. Porque, pase lo que pase, siempre nos quedará EL PODER DE LA VOZ y ese aplauso que compensa todos los esfuerzos, todos los desvelos, todo el desgaste.

Carlos, ya ves, nuestra criatura ha crecido, desbordándose con la fuerza de los buenos proyectos. Convirtiéndose en algo único, en algo para recordar, en algo de lo que sentirnos muy orgullosos. Enhorabuena, porque ha sido gracias a tu talento, tu esfuerzo y tu carisma. Eres un loco, un loco genial.

«El poder de la voz es algo extraordinario que, cuando sale del corazón, produce electricidad, magia y emoción».

Carlos Moreno Palomeque

ALEX

El despertador, implacable, me tira de la cama. Hubiera preferido quedarme con ella un par de horas más, acurrucado entre las sábanas. Estoy convencido de que acabaré llegando tarde a la reunión. Maldito tráfico en hora punta. Es lo que tiene vivir a las afueras de la gran ciudad: una inmensa casa con jardín, pero ni siquiera ha amanecido y ya tengo que levantarme. Por un segundo, me veo tentado de encender la luz de la mesilla pero pienso en ella que duerme plácidamente y decido no hacerlo para no despertarla.

A tientas, camino por la habitación hasta toparme con el armario de lunas. Descorro despacio una de las puertas, intentando aplacar en lo posible el chirriante sonido. El olor a naftalina inunda con rapidez la habitación. Toqueteo las perchas en busca de algo apropiado que ponerme. La reunión de esta mañana es muy importante. Me juego mucho ahora que las riendas han cambiado de manos.

Mi asistenta es muy metódica y siempre me cuelga los trajes en la parte derecha del armario. Toqueteando el cuello y las solapas, intento distinguir unos de otros. «Qué más dará», pienso, «todos mis trajes son grises. Más claros, más oscuros, pero grises al fin y al cabo». Descuelgo uno cualquiera y compruebo que la percha trae chaqueta y pantalón. Con este color, cualquier camisa me irá bien. No pierdo el tiempo y cojo la primera que encuentro.

Decido no llevar corbata esta vez, por no seguir buscando a oscuras. No es fácil cuadrar colores al tacto. Seguro que esta falta de protocolo al vestir irritará a mis jefes. Claro que, de todas formas, ya se buscarían otra excusa para acabar echándome la bronca. Mejor ponérselo fácil esta vez.

Vestido ya con camisa y pantalón, repaso con ambas manos los posibles fallos que pudiera haber: botones, cuellos, cremallera. Todo parece en orden. Me calzo los zapatos sin poner cuidado y acabo doblando el contrafuerte del talón. Eso es algo que a ella le saca de quicio. Por suerte, sigue dormida, agotada después de la intensa noche. La oigo respirar. Puedo notar el ligero olor de su perfume, lo que me recuerda que aún no me he echado del mío. Arrastro la mano por la coqueta y a punto estoy de volcar el frasquito por culpa de las prisas. Mientras empapo las manos de colonia, pienso que no saldré bien parado de la reunión. Al final, serán mis jefes los que tengan la última palabra. Poco me importa, mientras sigan pagando mi abultada nómina a fin de mes.

Respiro profundamente y me pongo la chaqueta, resignado. Al abrocharla me percato de que olvido el cinturón. Vuelvo a la cama y rebusco entre las sábanas hasta dar con su cuerpo. Recorro los hombros, los brazos, las muñecas a la espalda y mi cinturón, atado con fuerza. Lo desato y lo deslizo suavemente. Ese sonido eriza mi curiosidad y no puedo reprimir las ganas de encender la luz.

La pequeña lámpara de mesa ilumina la escena. Ella, tumbada boca abajo, con las manos

36

aún a la espalda y unas marcas rojizas en las muñecas que denotan que las ataduras se han prolongado demasiado en el tiempo. Sonrío, satisfecho. «Al menos en casa seguimos jugando a mi juego».

ALFONSO LAGUNA

Os diré, para que os venga su voz a la cabeza, que ha sido Chris Elliott en Algo pasa con Mary o Michael Winslow, aquel que hacía todos los ruidos con la boca, en Loca Academia de Policía.

También ha sido director de doblaje en series tan conocidas como Crónicas vampíricas o Walker, entre otros tantos trabajos.

Lo lógico es que, cuando un actor ha hecho tantos papeles durante tanto tiempo, fuese sencillo buscarle texto... Pero no lo fue.

Dudé, dudé bastante, porque el estilo de este actor encajaba muy bien con varios de los textos que había sobre la mesa. Pero, gracias a Jos Gómez, encontré el relato perfecto para Alfonso Laguna.

Como buen actor, supo meterse bajo la piel de este personaje, derrotado y derrotista, cansado de todo, pero con la ilusión de tener a alguien, al otro lado de la ventana. Un "alguien" que le da sentido a su existencia.

Este cuento cobra todo su sentido gracias a su voz, a sus silencios, a sus inflexiones y a su buen hacer.

Además, gracias a la previa grabación de este texto, conocí a otra de "mis voces": Aurora González, que no podía faltar sobre las tablas del Teatro Victoria, dándole la réplica perfecta y precisa, enfundada en el traje de esa vecina, coqueta y distraída, que vemos a través de los visillos.

Gracias, Alfonso, por poner toda tu experiencia

al servicio de este texto, que se convierte en realidad con tu voz y tu interpretación, con ese toque justo que solo tú podías darle.

«Somos lo que sembramos».

Alfonso Laguna

GABRIEL

Son casi las doce. La casa está en silencio, a oscuras, en calma. Y por fin puedo pensarte. Camino descalzo procurando no hacer ruido. Todos duermen ya: mi mujer, mis hijos... Me acerco a la ventana para fumar uno de esos cigarrillos que el médico me ha prohibido. El viento mueve, cadencioso, las cortinas y la brisa alborota mi pelo, esparciendo por la habitación el humo de este cigarro clandestino. En la calle, apenas sí se oye una sirena   que se aleja, escandalosa. Y en la escalera, los tacones de Nuria me avisan de que vuelve a casa después de todo un día de trabajo.

La imagino entrando en casa, saludando al gato con un gesto cariñoso, quitándose los zapatos y dejándolos por medio, entrando un momento en la cocina para coger un brick de zumo y llevándoselo a su dormitorio...

Veo cómo se enciende la luz de su habitación, rutina de cada noche que yo sigo, en silencio, escondido en la oscuridad de mi despacho. Sé que Nuria no sabe que la miro y eso me gusta y, a la vez, me apena.

El viento mueve sus cortinas y puedo ver su cuerpo reflejado en el espejo mientras se desnuda. Está tan guapa con ese vestido azul, ligero, de tirantes finos, tan sencillo de quitar...

Recoge su pelo en una coleta alta, dejándome ver sus hombros, y desliza la cremallera de la espalda. Baja lentamente los tirantes y el vestido cae, resbalando por su cuerpo delgado. Y no puedo apartar la vista de esa silueta que apenas se adivina al trasluz de las cortinas.

Despreocupada, va y viene por la habitación intentando poner un poco de orden, mientras en mi cabeza reina el caos... Y comienzo a imaginar cómo sería el tacto de sus hombros, de su pelo, su olor, el color de su voz.

Me conformo con mirarla así, escondido, como un cobarde, oculto por la oscuridad mientras fumo un cigarro tras otro disfrutando de su rutina. Es el único consuelo que me queda.

Nuria... Ni siquiera sé si se llama así. Yo mismo inventé su nombre, la excusa de que vuelve del trabajo, la posibilidad de que viva con un gato. Todo. Solo sé de ella lo poco que me muestra esa ventana: una preciosa silueta definida a través de unas cortinas, blancas, caladas, que el viento agita caprichoso descubriéndome su cuerpo.

El tiempo corre en mi contra y mi Nuria debe estar a punto de apagar la luz. Tendré que esperar un día entero para poder disfrutarla de nuevo.

Veo su figura acercarse a la ventana y descorrer la cortina con ingenuidad. Me mira. Unos grandes ojos verdes se clavan en mí.

—Sabía que estarías ahí, fumando. —Se sonríe—. Me he quedado sin tabaco y a ti seguro que todavía te queda algún cigarrillo, ¿verdad? Solo tienes que bajar un piso...

No me lo pienso. No quiero pensarlo. Cierro con cuidado la puerta de mi casa, dejándola en silencio, a oscuras, en calma.

SONIA RAMÍREZ

Es la protagonista del cortometraje Para Sonia. Entre sus trabajos, destaca su participación en el musical Quisiera ser, junto a Enrique Cazorla (otro de los grandes del doblaje) y Paula Sebastián.

Sonia tiene una voz deliciosa, dulce, clara, educada para cantar y, por supuesto, para interpretar.

Está claro que, si el personaje de Lucía está basado en alguien, ese alguien debería ser Sonia. Peleona, INTENSA, algo cabezota, dulce, tierna, simpática y empática, fuerte y decidida. Y muy reivindicativa. Quizá esa fue la razón que llevó a Sonia a decidirse por este cuento.

Un cuento que defendió con ímpetu, dándole ese punto de confesión, de humor, de anecdotario al que ella no da valor, pero que vale mucho, demostrando que si uno quiere, puede.

Notaréis que tengo debilidad por Sonia y sí, es cierto. Me ha conquistado, con su voz, su carácter y por no dejarse vencer por los posibles obstáculos que se puedan presentar. Porque, como dice Pepe Mediavilla en el corto: «Pero Sonia no. Sonia siguió adelante», demostrando lo que vale.

Gracias, Sonia, por ser como eres, por convertirte en Lucía y transmitirle tu fuerza. Creo que ya te lo he dicho pero… De mayor quiero ser como tú.

« *"Lo esencial es invisible a los ojos…"*
«*Y cerrar los ojos, dejarse acariciar*

por un arco iris de voces. Y volar, imaginar y caminar las historias de Cat, fue una experiencia esencial. Gracias, Cat, por tus palabras delicadamente escogidas para Lucía, nuestra Lucía».

Sonia Ramírez

TENGO SUPERPODERES

Aún no son las ocho de la mañana y aquí me tenéis: helada de frío, sentada en un banco frente a mi casa, con el abrigo encajado hasta los ojos, esperando a mi taxista de cabecera.

Me llamo Lucía, llego tarde a una reunión y soy ciega.

No me gusta presentarme así, por la misma razón que cualquiera que esté esperando el autobús no dice: «Hola. Me llamo Jaime, voy a coger el 43 y tengo mononucleosis». Pero es que más de uno (y de dos) me ha tachado de borde por no saludarle. Así que yo ya lo voy avisando, por si las moscas.

Tengo superpoderes. Pensaréis que estoy loca y quizá tengáis razón, claro que para trabajar en mi gremio hay que tener un toque de locura, pero es la verdad: tengo capacidades especiales que los demás (la gran mayoría) no tienen.

Si entramos en un café, podría deciros que la señora de la última mesa, en realidad, se está tomando un carajillo (y son las nueve de la mañana) o que el tipo de nuestra derecha viene del gimnasio y ha decidido no ducharse (gran error por su parte).

También soy capaz de mantener una conversación mientras escucho las otras tres que hay a nuestro alrededor, saber el importe de la moneda que se acaba de caer o la talla de un pantalón sin necesidad de buscarle la etiqueta. Puedo haceros la mayoría de los cálculos matemáticos, sin tirar de calculadora, y he desarrollado una memoria prodigiosa a la hora de recordar números de teléfono, fechas, calles, convirtiéndome en una agenda con patas, muy solicitada entre mis amistades.

Me encanta descubrir qué me han regalado solo con la avanzadilla de coger el paquete, agitarlo, apretarlo y soltar la bomba: «Es un juego de pulseras con cuentas de madera», dejando sorprendidas a las visitas con mis dotes adivinatorias. Descubrir quién es quién con un simple «hola» cazado al vuelo. O, con mi súper sentido del gusto, ser capaz de descodificar un sabor hasta reducirlo a un puñado de ingredientes.

A estas alturas, estaréis pensando que soy rara. No, yo no. La enfermedad que tengo, retinosis, sí que lo es. Aunque a mí no me gusta catalogarla así, (realmente, no me gusta catalogar nada). Prefiero decir que es "exclusiva", porque somos pocos los que la tenemos. Eso nos convierte en personas únicas e irrepetibles, que se mueven por la ciudad (y por la vida) haciendo uso de sus superpoderes.

Quizá penséis que es una pena vivir así, sin poder disfrutar de los colores de un atardecer, de una película o del tipo guapo que se me ha sentado al lado en el metro. No lo veo, es cierto, pero ¿no creéis que si fuera tan importante ver, todos podríamos hacerlo? Yo puedo sentir el calor de ese atardecer, disfrutar de las fabulosas voces de nuestros actores de doblaje o, si la cosa sale bien, quizá descubra que, bajo el llamativo envoltorio del chico guapo del metro, hay alguien mil veces mejor.

Yo no le doy demasiada importancia a estos detalles de mi día a día. Pero, ciertamente, mi vida es una colección de retos que me obligan a estar activa, despierta. Porque si el "juego" me resultara demasiado fácil, sería muy aburrido.

Ahí llega mi taxi. Las prisas me reclaman. Nos vemos...

JOSE LUIS ANGULO

Seguro que os "suena". Es David Hassellhoff, Michael Knight, en la popular serie de los '80 El coche fantástico o Danny Tarnner en Padres forzosos.

Vive por y para la dirección de doblaje, con títulos tan importantes como El francotirador, Los juegos del hambre, Gru: mi villano favorito o Los Minions.

José Luis Angulo es todo un señor. Elegancia en estado puro. Cuando te habla, cuando te trata, no puedes evitar imaginar a un galán fugado de alguna novela romántica.

Si algún día me decido a probar suerte en el difícil mundo de la novela, le prometí reservar un personaje que fuera su fiel reflejo, cosa que, estoy segura, me dará mucho juego.

Gracias, José Luis, por "ajustar" conmigo este cuento hasta dejarlo perfecto, por salvar con elegancia los contratiempos de última hora y por aceptar la invitación a este singular bar.

«Durante unos minutos, me sentí en el bar de Julia. Pocas veces me he encontrado tan a gusto».

José Luis Angulo

BEATRIZ MELGARES

Actriz, de imagen y de doblaje, y locutora. Cabe destacar su paso por el Centro Dramático Nacional con 1941, Bodas de Sangre de Jorge Eines. También ha participado en musicales como Peter Pan o El hombre de La Mancha. Es cofundadora de La Jartá Teatro y Audiovisual. Tras

Tras su paso por esta primera edición de EL PODER DE LA VOZ, consolidó sus actitudes como actriz de doblaje, llegando a trabajar en X-Men: Apocalipsis o Elle.

Impresionante su capacidad de cambiar de registro, en nuestra Gala, en tres ocasiones, con tres personajes tan distintos y tan complejos. Tres mujeres a las que supo darles toda la intención y toda la emoción. Acompañaría en el escenario a José Luis Angulo, Eduardo Gutiérrez y Julio Lorenzo.

Gracias, Beatriz, por aceptar el reto de mis criaturas, demostrando lo camaleónica que eres. ¡Chapeau!

«Y que mi voz sonara, bailara, jugara, riera y llorara al son de las de José Luis Angulo, Eduardo Gutiérrez y Julio Lorenzo, con quienes compartí momentos de plenitud artística y personal indescriptibles, fue un regalo que

siempre agradeceré a Cat Yuste y a los bellos personajes con los que me obsequió».

Beatriz Melgares

EL BAR DE JULIA

He encontrado el refugio perfecto en el bar de Julia. Está cerca de las oficinas del simulacro de periódico donde trabajo y es un local lo suficientemente oscuro para esconder mi decadente soledad. Disfruto tanto viendo a Julia servir las mesas; contoneándose cadenciosa, sujetando la bandeja con sus manos de dedos largos y huesudos, cubiertos de anillos, regalados por amantes furtivos en los años de juventud.

No habla de su vida, con nadie. Pero, por alguna extraña razón, le gusta confesarse conmigo y desgranar sus rocambolescas aventuras, mientras damos buena cuenta de las botellas de whisky que haya en la sala.

Recuerdo la tarde que me contó la historia del tipo aquel que quiso comprarle un piso, para conseguir la exclusividad. Julia le puso las cosas claras y su ex mujer una demanda de divorcio, con la que llegó a perder hasta la dignidad. O aquella vez en que la novia de un fulano que se había perdido varias noches bajo las sábanas de Julia, se presentó a dar el espectáculo en el bar... Y las dos acabaron saliendo esa noche de copas y ligando con dos estudiantes de periodismo, a los que dieron un par de buenos titulares.

«Hay hombres que no soportan el rechazo. ¿Ves esto?», me confesó señalándose la garganta, una de las tardes en que nos quedamos solos. «Esta cicatriz es un recuerdo de uno de esos hombres que no entienden la palabra "no". Por suerte, tuve reflejos para escapar a tiempo. Nada mejor para bajarle los humos a estos especímenes que un buen rodillazo en la línea de flotación. Lástima que el cuchillo, que traía para cerrar el trato, consiguiera parte de su objetivo. La sangre es muy escandalosa, pero sus gritos lo fueron aun más. Y pronto tuvimos una patrulla de policías asqueados fingiendo que controlaban la situación».

Puedo pasarme la tarde acodado en la barra del bar, mareando la colección de periódicos del día, mientras la observo ir y venir. Me gustan las mujeres fuertes, con mucho carácter, y ella lo tiene. Creo que nadie debería ser tan iluso como para enamorarse de ella. Es simple: Julia es incapaz de sentir más allá de los límites de una cama. Mientras aceptes su juego, todo irá bien. Pero, en el momento que infrinjas las reglas, estás perdido.

En el fondo, no somos tan distintos: los dos sabemos y queremos estar solos y el resto de la gente es mero entretenimiento para los tiempos muertos. Claro que, cuando llega la hora de confesarnos frente a una botella de whisky, ambos dejamos caer la coraza. Creo que es el único momento en que realmente somos nosotros mismos, sin miedo a posibles represalias por demostrar que también somos vulnerables.

He terminado pronto esta noche en el periódico y no me apetece volver a la soledad de mi apartamento, ahora que mi gato ha decidido buscar fortuna fuera de casa. Llego a la puerta justo cuando las luces se apagan. Julia sale para cerrar y se sorprende al verme.

—Vaya... Yo que venía a tomarme el último

whisky...

Julia me sonríe y, aparcando ese tono sarcástico que siempre la acompaña, dice:

—Tengo un bourbon de buen año en casa. ¿Te apetece?

Y, tras ayudarle a echar el cierre, nos alejamos por la calle mal iluminada. Quizá yo también haya encontrado fortuna fuera de casa.

EVA LORENZO

Es la voz del canal Nick Junior (Nikelodeon) y Nene Amano en la serie Digimon, entre otras muchas cosas.

Lo que más me sorprende —y me gusta— es su capacidad de cambiar de registro a la hora de trabajar. Sinceramente, es una experta jugando con ese instrumento tan complejo que es la voz. Es increíble cómo consigue camuflarse, modificar y convertirse en cada uno de los personajes que se le ponen a tiro.

Cuando la escuché por primera vez, simplemente, me vino a la cabeza este texto. Por alguna razón que soy incapaz de explicar, pensé que esta lectura era perfecta para ella. Supe, a ciencia cierta, que defendería este cuento con uñas y dientes. Y, a juzgar por el resultado y en palabras de la propia interesada, acerté.

Eva Lorenzo demostró lo incongruentes que podemos llegar a ser, lo incongruentes que pueden ser las relaciones, lo incongruente que, en definitiva, es el amor. Con esa voz "deliciosa" y esa dulzura que destila y que contagia, desgranó cada una de las palabras de este relato sonoro, incongruente pero lógico en el fondo.

Gracias, Eva, por todo lo que aprendo contigo, de ti, por tu fuerza y por tener siempre, siempre, una sonrisa a mano. Eres pura dinamita, con o sin micrófono.

«Me apoyé en el atril, sonreí, y durante unos minutos mi alma

desnudó sus incongruencias. El público volvió a vestirme con sus aplausos.

Nunca olvidaré la magia de aquella noche, el calor del patio de butacas, la emoción en los ojos de mis compañeros y amigos... Nunca olvidaré... el Poder de la Voz».

Eva Lorenzo

INCONGRUENCIAS

Quiero al hombre perfecto, que se enorgullece de ser imperfecto. Con la virtud de convertir sus principales vicios en pequeños papeles secundarios.

Quiero a un hombre que es capaz de retorcer sus palabras, hasta conseguir que suenen de forma deliciosa. Aunque, en el fondo, no sean más que un puñado de palabras estrujadas y vacías. Un hombre que no siente miedo mientras controla la situación, pero que se acojona cuando ve peligrar su mundo oculto, a salvo de los ojos de intrusos cotillas. Que pide perdón antes de hacerte el daño, porque sabe que —aun sin quererlo— acabará arrasándote con sus juegos de niño.

Quiero a un hombre que piensa que nadie le quiere, pero lo que no sabe es que, para muchos, se ha convertido en la única razón para levantarnos de la cama. Al hombre que una vez me tuvo en el principio de su lista de temas pendientes.

Quiero a un hombre que es más listo de lo que os dejará ver a cualquiera de vosotros. Que tira piedras sobre su propio tejado para luego subirse a repararlo. Que a enemigo que huye le acompaña gustoso en su camino de regreso por el puente de plata. De ser un personaje del Titánic, hubiera sido uno de los músicos que siguió tocando para alegrar ese final a los demás.

Quiero a un hombre que utiliza las palabras como juego y los juegos son parte de su palabra.

Que convierte cada frase en sentencia, a veces, de vida. Un hombre que es capaz de convencerte de que hay oro en todo lo que reluce.

Quiero al hombre que correría más rápido que Hervey Keitel con tal de parar el coche de Thelma y Louise, al borde del precipicio, para conseguir un final feliz. Al hombre que se siente el protagonista de todos los besos encadenados de Cinema Paradiso. Quiero a un hombre que dice tu nombre solo por saber cómo suena en sus labios. Que siente celos de tu camisa por tener la suerte de estar sobre ti todo el día.

Yo quiero a un hombre que finge odiarme para mantenerme a salvo de sus múltiples vidas. Tal vez por eso le quiero más.

EDUARDO GUTIÉRREZ

Su voz es muy característica. Seguro que os "suena" como Stewie en Padre de familia o Roger en Padre made in USA, series cuyo doblaje también dirige y ajusta.

Además, ha dirigido sagas tan mediáticas como La jungla de cristal o X-Men, o películas tan populares como Pearl harbor o El sexto sentido. Eduardo Gutiérrez es grande. Grande como actor, como director, como ajustador, pero sobre todo, es grande como persona, como amigo, sin duda, haciendo todo lo que está en su mano — y más— para que las cosas funcionen y se conviertan en realidad.

Nunca doy pautas a la hora de interpretar a uno de mis personajes... y con Eduardo no iba a hacer una excepción. Dejo libertad absoluta, que sea el actor quien le dé su propio enfoque y eso, tal vez, sea lo que hace que cada una de mis criaturas se sienta como en casa cuando encuentran su "voz propia".

Se hace muy difícil imaginar este cuento dramatizado por alguien que no sea Eduardo. Y es que nadie dice "vidriosos" como él.

Y así, únicamente con su voz, vamos descubriendo un texto cargado de vacíos que, gracias a las inflexiones del actor, se nos va completando a medida que avanzamos en la historia.

En este relato le acompaña, dándole la réplica como Sara, la actriz Beatriz Melgares.

Gracias, Eduardo, por dejarte llevar por esta

locura, por estar siempre y por ese corazón que no te cabe en el pecho.

«Es un placer para un actor hacerse cómplice de un texto. Pero el disfrute es mayor cuando consigues que el texto te atrape y vivas en él, llegando a olvidar el mundo real para balancearte en sus líneas como si tú mismo fueras la historia. Y sentir sus líneas, sus puntos, sus comas y sus silencios como la vida misma. Así son los cuentos de Cat».

Eduardo Gutiérrez

SARA

Es lo que tiene asistir a este tipo de eventos, te encuentras con gente a la que preferirías no ver: taimados cargados de soberbia, con más prepotencia que talento, a los que tienes que aguantar si quieres sobrevivir en este negocio.

Hago que escucho a una rubia de la que he olvidado su nombre, pero no el color de su sujetador, que se afana en mostrarme generosa cada vez que se inclina, para soltar una carcajada estridente con fingida naturalidad.

Y allá, en la improvisada barra, junto al barman de turno que hace lo imposible para que la coctelera no acabe estrellándose contra el suelo, tropiezo con un familiar vestido de satén. Rojo. Esa prenda recurrente que Sara saca del armario cuando quiere que se preste más atención a su cuerpo que a sus palabras.

Desconecto de la rubia y fijo todos mis sentidos en ese vestido que cumple con creces su misión. Deduzco que Sara piensa que hoy no tiene nada que decir. Y es raro, porque ella siempre tiene la palabra justa en el momento menos indicado. Como la noche en que me dijo: «Tú y yo ya no tenemos edad para jugar», para después cerrar la puerta del taxi y subir sola a su casa, dejándome con las ganas de recordar viejos tiempos y veinte euros de carrera que mi orgullo tuvo que abonar al taxista, que se reía de mí al otro lado del retrovisor.

Y ahora parece ausente. Demasiado sola para lo que acostumbra últimamente. Con los ojos parados en la puerta de entrada. Por la manera en que sujeta la copa, imagino que esta noche es su pareja oficial. Una pena. Esta chica está cogiendo todos los vicios de los malos escritores: publicar noveluchas vacías de éxito, vivir de evento en evento, rodearse de sanguijuelas que le roban las ideas y utilizar el alcohol como puente hacia la falsa espontaneidad.

No puedo evitar mirarla, con el pelo negro, casi azul, en un simpático recogido y las clavículas más marcadas que de costumbre. Se deja caer sobre la barra de una forma graciosa, entre despreocupada y tambaleante, más pendiente de mantener el equilibrio que de la postura que va adquiriendo. El camarero niega con la cabeza y ella golpea la copa contra la barra haciéndola añicos. La música parece cesar y todos vuelven los ojos hacia ella, ajena a los comentarios. Gesticula y levanta la voz, reclamando al camarero una nueva copa rellena de lo primero que tenga a mano.

Más que el espectáculo, lo que me jode es que la gente sienta lástima y tengo la sensación de que ese momento está a punto de llegar. Le doy mi copa a la rubia y, en dos zancadas, cruzo la sala y tomando a Sara por la cintura, la saco de allí con la mayor discreción de la que soy capaz.

En el aseo del hotel, intento detener las diminutas hemorragias que los cortes de la copa le han causado en la palma de la mano. Está anestesiada, dejándose hacer sin abrir la boca. Solo mira al espejo, intentando reconocerse en la imagen borrosa que le devuelve.

—¿Te duele? —No me contesta—. Dime, ¿te duele?

Gira la cara y me mira, obligándome a perderme en sus ojos negros, grandes, vidriosos.

—¿Qué...?

—¿Te duele?

Y bajando la cabeza, esquiva, para impedirme rastrear más allá, contesta:

—Ya no. Hace tiempo que te he olvidado.

CARLOS DELUNA

Actor al que podemos ver en series como El ministerio del tiempo, Águila Roja o Bis a bis. En este mundo, hay buenas personas que saben convertirse en auténticos canallas, si la ocasión lo requiere, y aquí tenemos Al ejemplo perfecto.

Carlos Deluna era la voz ideal para dar vida a este tipo que, sentado en un tren, a punto de salir huyendo, no sabemos muy bien de dónde ni a dónde, nos cuenta... lo que él nos quiere contar.

Carlos demostró que un personaje es más de lo que nos enseña, más de lo que vemos en las líneas escritas, haciéndonos disfrutar con un texto cargado de intenciones y de frases que esconden mucho más de lo que parece. Frases a las que hay que saber darles el toque perfecto para que consigan el efecto deseado.

Gracias, Carlos, por todo el trabajo que hay detrás de tu interpretación, por buscar la perfección y por convertirte en "mi canalla".

«Emoción invisible».

Carlos Deluna

ALGO PASAJERO

Nunca me gustaron las despedidas y con ella no iba a hacer una excepción.

He convertido mi vida en un caos y me gusta. Prefiero el descontrol antes de convertirme en un Bill Murray atrapado en el tiempo y en las formas de una sola mujer. ¿Dónde está la gracia si siempre vas a despertar en la misma cama?

Está claro que Pilar nunca me entendió, más preocupada por atarme a su vida con amor a granel, en lugar de disfrutar de la frescura de eso que surgió una noche de verano de hace no mucho tiempo.

Y yo se lo expliqué, nunca le mentí. Jamás alimenté algo que no iba a tener proceso de continuidad.

Ambos sabíamos que aquello acabaría más temprano que tarde. Era algo pasajero, un dulce contratiempo, como este tren en la estación que retrasa su salida pero que, sin remedio, emprenderá su marcha de un momento a otro, sin mirar atrás.

Sé que andará buscando mi adiós, aunque sea de papel, aunque sea un mensaje en el contestador, en las páginas de su periódico o en los ojos de aquellos que se cruza de camino al trabajo.

Le costará entenderlo, como a todas, pero se acostumbrará, como todas.

Y un día se olvidará de que compartió cama conmigo, se olvidará de que fui su primera opción, el veneno y el antídoto. Lo olvidará todo... Y entonces, como los trenes que regresan a la estación de origen, será el momento de volver y empezar con el juego otra vez.

RODRI MARTÍN

Actor y director de doblaje. Es la Voz de Mercurio en X-Men, Lommy Manosverdes en Juego de Tronos, entre otros tantos trabajos. Y es Hiro Hamada en Big Hero VI.

Por dos veces le tocó subir al escenario, en dos papeles totalmente opuestos. Un adolescente, en el relato con José Carabias, y un hombre derrotado por las circunstancias, en este otro cuento.

Un relato Donde el actor despliega todo un abanico de sensaciones, que van escapándose, como los trenes de la estación.

Impresionante verle cambiar de registro en apenas unos minutos. Impresionante poder disfrutar de él.

Gracias, Rodri, por poner tanto cariño a la hora de interpretar a mis criaturas... Ellas están encantadas de haberse encontrado contigo y con tu voz.

«Sigue creando estas historias, sigue evocándonos estos mundos de gente que no conocemos pero que están ahí, dentro de tu cabecita...».

Rodri Martín

EN EL ANDÉN

Algo tendrían que contar las estaciones de tren.

Ésta, por ejemplo. Una estación sin encanto del Madrid construido a base de humo y de historias sin apuntalar. Despedidas amargas, mentiras que se desvanecen con el ruido del tren al marchar. Encuentros felices y fugaces que se olvidarán al doblar la esquina de la memoria. Reencuentros permitidos o clandestinos, de amor con pasión y de solo sexo...

Instantes que anudan la garganta, como ahora, porque quiero, por dependencia, por saber que la oscuridad desfila en retirada y te vas. Lejos. En este tren que te lleva de regreso a sus brazos y me olvidas en el andén por enésima vez.

Y en el camino, nos dejamos las maletas, los recuerdos, los besos y la mitad del alma, a trozos, desperdigados por el suelo, pisoteados por las prisas de los que pasan, sin caer en la cuenta de que ésta será la última vez que te vea.

JOSÉ CARABIAS

Todos le conocemos como "el papa gitano", pero José Carabias es un sinfín de personajes más. Le ha puesto voz a Benji Price en Campeones, podemos escucharlo en la mítica Luz de Luna y en otros tantos trabajos más. Actor de imagen, también, y creador de muchos de los programas de nuestra infancia. Un actor todoterreno. Un actor genial al que da gusto escuchar, dentro y fuera de las tablas.

En este caso, se mete bajo la piel de un profesor, de un maestro, creado con simples palabras pero construido gracias a los matices de su voz.

Y así, podemos verlo en la pantalla de nuestra imaginación, con los dedos manchados de tiza, un maletín y ese brillo en los ojos de quien sabe, de quien sabe mucho, como José Carabias, toda una institución que apetece escuchar e interrogar. Un hombre del que siempre se aprende, mucho, muchísimo.

Además, tengo la suerte de tener su libro Más que el arroz con leche, con una dedicatoria preciosa, donde nos cuenta como ha sido su vida como actor, como solo él sabe hacerlo.

En este relato sonoro está acompañado de Rodri Martín, que le da la réplica como adolescente inseguro, consiguiendo que el cuento nos llegue al corazón.

Gracias, José, porque escucharte es aprender, porque escucharte es sonreír y porque los años no pasan para tu voz ni para tu ingenio.

«Cat es una mujer que asombra y encanta nada más conocerla. Sus relatos hacen pensar y algunos también emocionar. Son como pequeñas películas que terminan entusiasmando. Una lectura recomendada».

José Carabias

EL RELATO

Lo veo caminar de un lado a otro a través de las cristaleras del aula. Acalorado por la carrera, resopla, sabe que llega con el tiempo justo. El plazo vence al terminar las clases y ya solo faltan tres minutos.

Está impaciente, se nota, y (aunque intenta disimularlo) la mano que sostiene el papel tiembla sin remedio.

Este certamen es una gran oportunidad y sé que no me he equivocado eligiendo a Luis entre los más de setenta textos presentados. He querido retarle pidiéndole algo nuevo, algo que me sorprenda y consiga sorprender también al jurado. Estoy seguro de que habrá puesto todo su empeño, porque es un perfeccionista, una versión actualizada de lo que algunos fuimos en nuestro momento.

Suena la campana y Luis se ve envuelto en la marea de estudiantes que huyen, a voces, dejando vacíos los pupitres.

Me observa, respetuoso, desde la puerta, como guardo mis papeles en el maletín.

Lo veo por el rabillo del ojo; se impacienta, mirando alternativamente al papel y a mí. Con gesto serio, arruga el folio hasta reducirlo a una pequeña bola que esconde en su puño.

Resoplo, apago las luces y salgo del aula.

—Garrigues, mi relato, por favor.

—No lo hice.

Niego con la cabeza y alargo la mano.

—No mienta. Acabo de ver como lo guarda en

su mano izquierda.

—Sí... Quizá... —duda—. No era lo suficientemente bueno.

—¿Quién lo dice?

—Yo —contesta con firmeza, pero, rápidamente, baja la cabeza buscando el refugio del suelo.

Chasqueo la lengua y echo a andar.

—Usted espera mucho de mí..., demasiado.

Me giro y lo miro, encogido, abrumado por la situación. Me recuerda tanto a mí cuando tenía su edad.

Apoyo mi mano en su hombro y, con tono confidencial, le susurro:

—Yo no espero, Garrigues, yo sé. A veces somos nosotros mismos los que nos exigimos demasiado.

Luis coge aire, abre su mano izquierda y mira la bola de papel.

AURORA GONZÁLEZ

Voz corporativa de Radio y Televisión Castilla La Mancha, donde trabaja, antes como chica del tiempo, ahora en La canasta.

Ha participado en El francotirador o es la voz de Nadia Petrova en la serie Crónicas vampíricas. Una experta cuentacuentos, de la que me encanta disfrutar en La colmena, programa de RCM, donde hace gala de la versatilidad de su voz.

Deliciosa, dulce, versátil, cuentista, y puro sentimiento. Imposible no quedar deslumbrado cuando la conoces, imposible no rendirte ante su manera de interpretar, imposible no estremecerte y emocionarte cuando la escuchas.

Me enamoré de su voz la primera vez que la escuché, junto a Alfonso Laguna, en el cuento Gabriel.

De hecho, y durante mucho tiempo, la bauticé como "mi Nuria", como guiño a ese personaje, del que apenas conocemos "lo poco que nos muestra la cortina blanca y calada de su ventana".

Aurora eligió interpretar De película y, sinceramente, considero que acertó de pleno a la hora de decidirse por esta criatura. La historia no sería igual con otra actriz. Las verdades que encierra este texto no serían tan verdad con otra voz.

Gracias, Aurora, gracias por tantas cosas... Tantas que me faltarían páginas en el mundo para poder escribirlas todas. Bien sabes tú lo mucho que te quiero y te admiro. Deliciosa y mágica, siempre, mi "hadita naranja".

«El cine es una bella mentira que duele de verdad. Así escribe Cat: Inventa historias que viven en el corazón».

Aurora González

DE PELÍCULA

Odio los cines, los detesto. Yo, cinéfila empedernida, amante de los clásicos, antes podía pasarme tardes enteras encerrada en la oscuridad de una sala de cine perdida en la gran ciudad. Pero, ahora, ya no los soporto.

No he podido volver a pisar el hall de uno solo desde la tarde en que vimos la reposición de Casablanca, la tarde en que decidiste zanjarlo todo por el bien de los dos. Una mala excusa para no admitir el miedo a que tu mujer descubriera lo nuestro. Siempre fuiste un cobarde, lástima que la oscuridad de la sala no me permitiera verlo en nuestra primera cita.

Te recuerdo incansable, en encontronazos fingidamente casuales. No paraste hasta que me rendí a ese acoso y derribo, hasta que acepté ver contigo La tentación vive arriba. Y en el mismo momento en el que Marilyn sentía el aire frío recorriendo sus piernas, yo sentí el cálido sabor de tus labios devorándome en aquella butaca de la última fila.

Y así empezó todo. Parecíamos una pareja de personajes huidos de alguna de aquellas películas faltas de color que, no hace tanto, llenaban la sala de novios que buscaban besos amparados en la oscuridad.

Lo nuestro era un amor en cinemascope, disfrutado en la intimidad de la última fila, bajo la atenta mirada de Glenn Ford o Montgomery Clift.

Siempre pensé que acabaríamos juntos, como

Bacal y Bogart, durante muchos años, y que solo algo tan irremediable como la muerte nos separaría... Pero me equivoqué.

Con el paso del tiempo, solo acabó atrayéndote de mí la facilidad con la que me contorsionaba en la butaca de nuestro cine, que poco a poco, fue perdiendo espectadores y brillo en su pantalla. A nadie le interesaban ya las películas de romanos, ni los interminables números de claqué en mitad de comedias dulzonas, ni tampoco Clint Eastwood recordándonos que «el mundo se divide en dos categorías».

Y con la misma violencia que Gilda recibió su célebre bofetada, yo recibí tus palabras de despedida cuando las luces de la sala volvieron a encenderse. Por suerte para mi orgullo, no había asistido casi nadie a esa última reposición.

Estaba claro que no podía durar, supongo. Quizá lo nuestro solo fue un fallo de guión, un despiste de la script en mitad de la película imperfecta.

Por eso ahora ya no soporto encerrarme en una sala llena de desconocidos, gente devorada por la oscuridad, que relaja su cuerpo en mullidas butacas, rojas, azules, de un falso terciopelo, y que lloran o ríen dependiendo de lo que la pantalla les lance sin piedad. Para mí ha muerto todo aquello.

Como era de esperar, hoy cierran el Avenida, nuestro cine de cabecera. Aún conserva el olor a clásico, esa capa de polvo que da la historia y sus butacas originales.

Quizá, sobornando a alguno de los tipos encargados de desmontarlo, me haga con la

butaca en la que me besaste por primera vez.
Será un trasto inútil, como tú, pero al menos será
mío y no desaparecerá dejando un vacío difícil de
llenar.

ANTONIO ESQUIVIAS

Esta es una de esas voces inconfundibles, de esas que, cuando la escuchas, te vienen a la cabeza un montón de caras, de escenas, de personajes como, por ejemplo: Kelsey Grammer, el Doctor Frasier Crane, o el actor Secundario Bob, en Los Simpsons o Meryn Trent, en la popular Juego de Tronos.

Hay actores que se convierten en un reto por su tremendo potencial. Antonio Esquivias es un reto, un regalo para alguien como yo, que escribo historias pensando en la voz que las dará vida. Y la suya me ofrecía tantas posibilidades... Eso me dio manga ancha para hacer lo que quisiera... Y eso hice.

Pero, cuando un cuento nace pensado con una voz, pensado con una intención, y, llegado el momento, el actor te sorprende, te cambia la visión que le has dado al texto y te arranca una carcajada, cuando el teatro se cae de aplausos y risas, te das cuenta de que eso es el poder de la voz.

Ese es el verdadero poder de quien sabe actuar, de quien sabe usar las palabras, retorcerlas, sacarlas todo el jugo y todo el juego, consiguiendo que un puñado de letras se conviertan en una historia de carne y hueso.

Además, este cuento tiene una brevísima introducción, a modo de audiodescripción, que nos sitúa la escena en un momento y en un lugar concreto. Y así, cuando Jesús Olmedo leyó: «La televisión nos muestra un hombre con esmoquin que sube a un escenario a recoger un premio, mientras el público aplaude puesto en pie», el teatro, ese público que esperaba expectante por saber qué iba a pasar, comenzó a aplaudir y, mágicamente, todos nos imaginamos a un hombre que recogía un premio y nos lanzaba su peculiar discurso.

Gracias, Antonio, por hacer tuyo y solo tuyo este personaje, gracias por conseguir que un puñado de letras se conviertan en verdad y gracias por tu cariño y por decirme «Cat» como nadie otro podrá decirlo jamás.

«Jamás pensé que aquel texto de Cat llegara a tener un estilo cómico..., jamás. Hasta que el público empezó a reírse... Eso ocurre con las grandes escritoras como ella. Son impredecibles».

Antonio Esquivias

VICTORIA

(La televisión nos muestra un hombre con esmoquin que sube a un escenario a recoger un premio, mientras el público aplaude puesto en pie).

Gracias a todos... Dicen que los premios a toda una carrera suelen ser los últimos que te dan. Aprovechemos el momento. En esta vida me he cruzado con gente buena. Muy buena. De esa que no quiero perder y que llevo aquí, en este corazón al que ya le van fallando las pilas. También me he encontrado con gente mala, grandes hijos de... que no merecen un hueco aquí.

Todos sabemos que éste es mi último premio. Está claro que ya miro la vida por el retrovisor... Soy mayor. Muy mayor. Mayor incluso para ser mayor. Y, como tal, me puedo permitir el lujo de decir cualquier cosa. Decir, por ejemplo, que nunca me he leído el Ulises de Joice, ni pienso hacerlo. Que la voz de José Guardiola es mil veces mejor que la de Bogart, aunque los puritanos de la versión original se me echen al cuello. Y también puedo decir que Victoria Leiva llegará tan lejos como ella quiera, no lo dudéis.

Sí, Victoria. No puedo dejar de nombrarte en éste, mi último discurso.

Te recuerdo cuando llegaste a Madrid. Una joven llena de entusiasmo, preciosa, con más jeta que talento a la hora de actuar y con un manejo en los idiomas que pronto te abrió las puertas...

de todos los dormitorios. Y así, cama a cama, has llegado dónde estás.

Tranquila, preciosa, aquí todos sabemos de lo que estamos hablando.

Cuando nos presentaron, te ofrecí mi ayuda sin esperar nada a cambio —y quien me conoce sabe que esto es verdad—. Sin apenas darme cuenta, te tenía entre las sábanas y pensé que, en el fondo, no estaba tan mayor si aún conseguía despertar esos deseos en una joven como tú.

¡Error! Está claro que lo tuyo es la interpretación, preciosa. Ojala fueras tan buena en pantalla como lo eres en el dormitorio.

Tu carrera empezó a despegar y cada vez tenías más compromisos... de cama, probablemente. Y me fui quedando en un segundo plano, tercero... hasta desaparecer de escena.

Después, te veía en fiestas, colgada del brazo del tipo de moda y yo pensaba: «¿Qué tendrá ese que no tengo yo?».

¡Éxito! Eso era lo único que tenían, éxito. Cinco minutos de gloria. Eso es lo único que buscas, Victoria, y eres capaz de cualquier cosa con tal de tener tus cinco minutos. Esa es la única razón de que hayas vuelto a mi vida, porque hoy, por ese rato, yo soy ese tipo de éxito.

Pero soy generoso y, como ves, te he cedido mis cinco minutos.

En fin, termino ya, lo prometo.

Gracias por este premio, significa mucho para mí. No solo porque me ha recordado que hay quien me quiere bien sino, y esto es exclusivamente para ti, Victoria, porque me ha servido para darme cuenta de que todos estos años deseando que volvieras solo han sido una

84

pérdida de tiempo. Búscate un taxi, preciosa. No seré yo quien te lleve de vuelta a casa.

Gracias a todos...

JULIO LORENZO

Quizá no lo sepáis, o sí, pero en Galicia también se hace doblaje —y no solo en gallego—. Julio Lorenzo es un ejemplo del buen trabajo que se hace allí. Actor, ajustador y director, ha trabajado en películas como Moon y Cómo entrenar a tu dragón.

Además, Es la voz del Inspector Gadget, en su nueva versión, o Son Goku, en gallego, cosa que le ha convertido en la voz de la infancia de más de una generación.

Encontrarlo por las redes fue una suerte. Pedirle que fuera una de "mis voces", bueno, eso fue un atraco a mano armada al que Julio no opuso resistencia. Tenerle como amigo es uno de los mejores lujos que se pueden tener.

Y, tras decirme que sí, le presenté a esta criatura, a este político, que nos cuenta, con ese tono cortés y cercano, lo que le va sucediendo, mostrándonos las dos caras de una misma moneda.

La réplica en el escenario, de la mano de Beatriz Melgares, termina de darle la vuelta de tuerca a un texto en el que, como casi siempre, las cosas no son lo que parecen.

Poder escuchar a Julio, tenerlo cerca y preguntarle mil cosas, sinceramente, es un lujo y una suerte.

Además, me regaló una de esas experiencias inolvidables, de las que aprendes y con las que llegas a comprender muchas cosas. Me demostró que el trabajo de actor de doblaje no es tan sencillo, dándome la oportunidad de ponerme frente a un atril, sin consecuencias para nadie, donde comprobé lo complejo que es esto de convertirse en un "muñeco" solo con la voz. Gracias, Julio, por demostrar que "las voces engañan tanto como los ojos", por tu paciencia y porque me lo haces todo fácil. Es imposible no quererte.

«Cuando me pidieron que resumiese "en dos palabras" lo que significó para mí ese evento, me vinieron dos a la mente: sin palabras».

Julio Lorenzo

ROSA

Dicen que «ojos que no ven, corazón que no siente», por eso Rosa se convirtió en la mejor de mis opciones. Los políticos debemos dar imagen de familia modélica y tradicional, ya se sabe: casados y con hijos. Estaba seguro de que Rosa cumpliría con creces lo que se esperaba de ella. Su ceguera me hacía ganar puntos como persona, haciéndome quedar como un hombre entregado y tierno de cara al público... Y dejándome vía libre en ámbitos más mundanos y placenteros.

El día que nos conocimos, Rosa tropezó conmigo por culpa de mis prisas y a punto estuvo de caer al suelo. La guié del brazo para cruzar la inmensa avenida y acabamos tomando café en una terraza cercana. Una vez me confesó que me quiso desde el principio, desde que oyó mi voz disculpándome tiernamente. Es lo que tienen las voces, que engañan tanto como los ojos.

Yo también sentí algo por ella, aunque no estoy seguro de que fuera amor. Aun así, Rosa no podía tener queja: la mantenía y le daba todos los caprichos. No sé qué más podía querer.

Entre tanto, debía cuidarme de que no se descubrieran mis trapicheos, públicos y privados.

A los votantes era fácil engañarles. Solo era cuestión de soltar un puñado de promesas vanas y, con un poco de suerte, llegar a cumplir una o dos antes de agotar la legislatura.

Con Rosa había que hilar más fino. En cuestión de olores, yo tenía todas las de perder. Así que, tomé por costumbre llevar un botecito de mi perfume siempre encima. La mejor manera de disimular el perfume de otra era camuflándolo con el mío.

He dicho tantas mentiras y he estado con tantas mujeres que ya he perdido la cuenta, pero siempre vuelvo con Rosa. Me da calma y todos la adoran. Luce bien colgada de mi brazo en las portadas de los periódicos. La verdad es que cumple a la perfección con su papel y me ha dado dos críos sanísimos. Éramos un matrimonio feliz.

Se vivía bien instalado en esa sensación de libertad. Rosa confiaba plenamente en mí y los ciudadanos también.

Todo era perfecto, hasta que se destapó aquel maldito escándalo. Mi secretaria, a la que solía meter mano durante los viajes de trabajo, acabó descubriendo que también disfrutaba metiéndole mano a la caja común. Me costó, pero pude tapar algunas bocas con los fajos de billetes que había ido acumulando y mi lío con la secretaria no salió a la luz.

Pero mi vida política estaba acabada. Solo me quedaba mi familia, mis hijos y Rosa, que siempre había confiado en mí, aislada, al margen de mis trapicheos y mis malos vicios.

Una tarde, Rosa estaba a mi lado disfrutando de su enésima taza de café. Callada. Tan guapa. Alargué la mano y le rocé cariñoso la mejilla. Por un segundo dejó su taza, apartó mi mano y dijo:

—Es una pena que te hayan echado del partido. Me gustaba tu secretaria, tenía un perfume delicioso. De todas con las que me has engañado, ésta tenía algo de buen gusto y mucha mano, como yo. Ha sabido sacarte hasta los hígados y salir ilesa. Fantástico.

Y sin poder apreciar la cara de sorpresa que se me quedó, cogió nuevamente la taza y continuó tomando su café.

MIGUEL ÁNGEL JENNER

Esta es una de esas voces que llevan con nosotros media vida. Es Samuel L. Jackson o Jean Reno.

Para mí, sin duda y por haberme acompañado durante los años de infancia, siempre será Lumiere en La bella y la bestia, cantando con ese irresistible acento francés, al más puro estilo Cabaret. Ha dirigido el doblaje de Cadena perpetua, Pulp Fiction o El Señor de los Anillos, entre otros.

Es un tipo duro, si el personaje lo requiere, que te gana en las distancias cortas con su carcajada cómplice y franca, haciéndote sentir como en casa.

Con su voz, con su interpretación, consigue llevarnos a ese vagón de metro en el que, un hombre derrotado por los años, cree ver entre los pasajeros una cara familiar.

Nos demostró que es un gran actor y una gran persona, cargada de pequeños y grandes detalles, que lo convierten en alguien único, irrepetible. Irresistible.

Tenerlo en EL PODER DE LA VOZ, en el escenario, junto a Sonia Ramírez, fue un lujo para los que disfrutamos con el trabajo de los buenos actores.

Gracias, Miguel ángel, por saber cómo se deben decir las cosas —sea frente al micrófono o no), gracias por ser la voz que viene a leerme en un solo "clic" y gracias por ser el gran tipo que eres.

«Felicito a Cat porque le ha quedado de lujo, se lo merece, escribe muy bien y, sobre todo, tiene un corazón muy grande y eso se transmite en los textos que escribe».

Miguel Ángel Jenner

¿ME RECUERDAS?

Y, de nuevo, la rutina. Desayuno fugaz y viaje interminable en el cercanías de camino al trabajo. La misma gente, las mismas conversaciones. Ya no les presto atención. A estas alturas de mi vida ya nada es importante. Rondar los cincuenta me está convirtiendo en un escéptico amargado, con demasiados muertos en el armario y poco tiempo para redimirlos.

Me siento y dejo que el tiempo pase lo más rápido posible, lanzando mis ojos a un punto perdido del fondo del vagón. Y, en uno de los últimos asientos, creo ver una cara conocida. Me sorprende, tengo fichadas a todas las almas que, a estas horas, se agolpan como sardinas en lata en mi tren; y lo más increíble es que estoy casi seguro de que eres tú. Los gestos te delatan, quizá más delgada, tal vez con algún secreto más en la mirada, pero conservando tu aspecto inocente, frágil, ese que siempre me fascinó.

La luz de los fluorescentes roza tus hombros vestidos, únicamente, con finos tirantes de una camiseta azul, igual que la última noche que nos vimos. Lo recuerdo bien. Un precioso cuerpo bronceado, el pelo revuelto por el viento levantado por los trenes, que escapaban de la estación, y la sonrisa congelada en esos labios jugosos, deseosos de un beso. Me mirabas expectante, nerviosa, ingenua, esperando mis palabras, el consuelo de mi voz que nunca llegó.

Pero estoy seguro de que eres tú, aunque hace más de un año que no nos vemos.

Simplemente pasó, dejé de sacar tiempo para estar contigo. Demasiado joven para cargar con alguien que podría ser tu padre. Demasiado inocente para un tipo que está de vuelta de todo. No quería dejar mis juegos, pero tampoco hacerte daño por continuar con ellos. La mejor opción: desaparecer sin más explicaciones. Y ahora que te encuentro me doy cuenta de que me precipité en mi huida. Te miro y estás tan guapa. Sigues siendo deliciosamente tímida, bajando la cabeza cuando te sientes observada. Pero yo sé bien lo que encierras, el secreto que escondes: un volcán que cuando estalla arrasa con todo a su paso, ese volcán que me abrasó incluso antes de llegar a tocarte.

Está claro que te he echado de menos, mucho, más de lo que yo mismo soy capaz de reconocerme. Pero quizá todo esto sea una señal, un soplo de aire limpio en mi existencia ya de por sí viciada, una nueva oportunidad que algo o alguien me pone delante y que no debo desperdiciar.

No lo pienso más y me levanto para saludarte. Recorro el vagón hasta plantarme frente a ti, intentando controlar estos nervios adolescentes que se han apoderado de mi cuerpo, habitualmente anestesiado de cualquier sensación.

—Cuánto tiempo... ¿Me recuerdas?

Unos ojos grandes, melosos, me miran escépticos, fijos, brillantes. Y una voz, pausada y seria, contesta:

—Lo siento, señor, se ha equivocado.

Me quedo parado por un momento y estoy tentado de explicar quién soy, pero solo alcanzo a disculparme y volver a mi asiento.

Apoyo mi maletín sobre las rodillas, un burdo intento de ocultarme de las miradas burlonas de los viajeros adormilados, testigos de la debacle, y comienzo a tamborilear impaciente en el cuero negro. Está claro, aún no me lo has perdonado.

MAR BORDALLO

Es una de las imprescindibles en el doblaje español, por su buen trabajo y la versatilidad de su voz.

La podéis escuchar como voz de Penny en The Big Bang Theory, Jessica Alba o Drew Barruymore.

Ha dirigido Doctor Doolittle (IV y V) o la serie The cleaner, entre otras tantas cosas.

Deliciosa como Alegría en Del revés, papel que, sin lugar a dudas, le va como anillo al dedo, porque cuando conoces a Mar, cuando la tienes al lado, esa energía, esa felicidad que irradia, te inunda y te invade, haciéndote sentir bien.

Mar fue la primera actriz para la que tuve que buscar relato. Y tenía tantas posibilidades y tantas opciones que necesité, de nuevo, la impagable ayuda de Jos Gómez para escoger entre todos los textos que había sobre la mesa.

El cuento se modificó para su lectura dramatizada, por lo que tenemos dos versiones de este Henrí: la que se hizo en directo y la que se grabó en estudio. Ambas podéis disfrutarlas en mi canal de Youtube, solo tenéis que buscar a "Cat Yuste" para disfrutar de todos los relatos sonorizados.

Mar bordallo, que es optimismo en estado puro, es capaz de convertirse en melancolía cuando se mete bajo la piel de esta mujer que pasea por un parque y que se inventa un nombre para un artista callejero, con el que coincide todos los días y con el que nunca ha cruzado palabra.

Gracias, Mar, por llevarme de la mano por ese

parque ficticio, por destilar tanta energía y porque siempre serás esa "Alegría" que me hace sonreír.

«Y con relatos como este, no necesitamos los ojos para ver cómo nos miran los demás. A los "Henrí"s" del mundo. A Cat».

Mar Bordallo

HENRÍ

Todos los días atravieso el mismo parque para ir a la oficina. Realmente, podría llegar en metro hasta la mismísima puerta, pero prefiero bajarme un par de paradas antes para poder disfrutar de quince minutos de ficticia calma. Casi todos los días, me cruzo con una pareja de policías que camina charlando de lo último que han leído en la prensa deportiva. Uno es veterano, la gorra no consigue disimularle las canas. El otro es un joven que comenzó hace un par de años lleno de entusiasmo. Ahora el uno se ha contagiado del otro. El veterano le pone entusiasmo a mirar sin recato a las chicas que pasan y el joven despunta ya alguna cana que la gorra no consigue disimular.

Al final de mi recorrido, justo al lado de la fuente que solo encienden en verano, está mi personaje favorito de todo el parque. Es un artista. Un maestro en el manejo del carboncillo. Hace pequeños dibujos en folios corrientes que luego vende por unas cuantas monedas. Éste es el único que vive aquí. Pases a la hora que pases, siempre está sentado en su banco, rodeado de papeles llenos de instantes: cosas que ve, cosas que inventa.

Fuma demasiado, supongo que para mantenerse caliente. La radio siempre encendida, con música, noticias..., cualquier cosa con tal de tener ruido de fondo. No habla mucho, al menos conmigo, solo tose de vez en cuando. Como sus dibujos son auténticas fotografías hechas a mano y siempre hay alguna escena de París, le he puesto de nombre Henrí, por Toulouse-Lautrec. A veces, me paro a mirar una a una las instantáneas que esa tarde ha dibujado. No me mira, pero intuyo que oye lo que digo, aunque no conteste. «Te compro ése, el de la muchacha en la terraza parisina. Pero lo dejaré aquí, para que los demás puedan disfrutarlo». Después, dejo caer un par de euros en la escandalosa lata y me voy. Nunca me da las gracias. Nunca contesta, ni sonríe. Nada. Solo levanta la vista y me inunda con su mirada azul. Es un genio y actúa como tal. Tiene algo que solo pocos pueden —podemos— apreciar.

Henrí es raro de entender. Mantiene a la gente al margen de su vida, apartados. Y, a la vez, se desnuda a diario a través de sus dibujos. Instantes cotidianos que despiertan ternura, pena, pasión. Algo debió arrastrarlo hasta dejarlo anclado a ese banco, sobreviviendo de las limosnas de los demás y mirándolo todo con ojos de niño, callado y solo.

Esta mañana Henrí no estaba, como de costumbre, en su banco. Solo quedaba su carpeta y un diminuto lapicero. Le he preguntado a la pareja de policías faltos de ganas y me han dicho que una ambulancia se lo ha llevado esta madrugada y que tardará en volver, si es que acaso volvía.

Me ha podido la curiosidad y he abierto la cochambrosa carpeta. Estaba repleta de escenas parisinas, por supuesto, de rincones de Madrid, del parque, de gente. Entre tanto dibujo, uno ha llamado mi atención: el primer plano de una mujer rubia. Yo. Dibujada al detalle, incluso la minúscula cicatriz bajo la ceja. Parece que, en el fondo, me prestaba más atención de lo que yo creía.

Me lo he guardado en el bolso y he vuelto a dejar la carpeta en su sitio, con el pequeño lápiz encima, por si algún día le da por volver.

JOS GÓMEZ

Es la voz de Garfio en la película Pan, de Cochise en la serie Falling Skies o Deadshot en Arrow.

Además, es el autor del blog La voz de Jos, con el que pretende dar a conocer un poco más el mundo del doblaje y rendir homenaje a los grandes maestros.

A veces, te tropiezas con alguien y vuelves a retomar proyectos perdidos, cosas que habías dejado de lado sin saber muy bien por qué. Y, entonces, las redes sociales te ponen a Jos en el camino y todo vuelve a fluir con fuerzas renovadas.

Realmente, la culpa la tiene Poe y Su tonel de amontillado. Después de escuchar la inquietante versión en voz de Jos Gómez, lo tuve muy claro: él tenía que ser quien diera vida a mi Gustavo.

Y, así, nos zambullimos en un cuento cargado de grandes contrastes, de miedo, de terror, con tensión y con un giro inesperado en el último momento, que solo él sabe dosificar, con su voz, con su interpretación, hasta conseguir ponernos los pelos de punta.

Porque hay cajas de recuerdos que dan miedo y hay voces que saben darlo todo delante de un texto. Y eso es lo que sucede con este relato. El actor, que es quien realmente le da vida, consigue convertirlo en algo único, en algo suyo, en algo tremendamente real.

Gracias, Jos, por todo lo que me has ayudado y me ayudas, por darme fuerzas siempre que lo necesito y por conseguir que un puñado de palabras se convierta en un escalofrío.

«Gustavo es uno de los personajes más interesantes que he tenido el placer de interpretar. Gracias a él pude entender la intimidad de un teatro abarrotado».

Jos Gómez

GUSTAVO

Todos guardamos parte de nuestros recuerdos de una u otra forma. Esas pequeñas cosas que no queremos perder ni compartir con nadie. Tesoros que son nuestros, solo nuestros, y que por eso deben estar con nosotros.

Cuando somos niños, los metemos en cajas de metal que después escondemos lejos de ojos curiosos. Y solo volveremos a abrirlas cuando queramos recordar algo o a alguien.

Pero los años pasan y, si uno es como yo, cada vez tienes más tesoros que guardar y esconder. Ya sabes, instantes sublimes que revivir una y otra vez. Cosas únicas que disfrutar solo, sin que otro pueda tocarlas.

Y así pasé de tener una cochambrosa caja de metal enterrada en el jardín, a tener esta habitación secreta, cerrada con llave.

Es algo que siempre había deseado tener y lo vi muy claro el día que compré esta casa alejada de todo: vecinos impertinentes, ojos cotillas, gente que cree conocerme.

Ahora tengo una habitación repleta de estanterías, donde cada cosa tiene su sitio y hay un sitio para cada cosa. Como ves, aquí he ido almacenando los recuerdos de mi vida. No te creas, veinticinco años dan para mucho y más en mi caso, claro. Algunas cosas las he tenido que dejar por el camino, me ocupaban demasiado y ya no daban más que problemas. De otras, simplemente, me he querido desprender porque ya no me traían buenos recuerdos. Pero las importantes, como puedes ver, siguen aquí. Este álbum de fotos lo logré rescatar el día que la casa de mis padres, accidentalmente, se incendió. Lo perdimos todo, menos esto. Mira esta foto, ¿la recuerdas? La niña que me besó por primera vez. Nunca he olvidado el sabor a piruleta de esos labios.

Y, aquí, mi violín, mi odiado violín. Mi profesor me hacía tocar durante horas a solas para él. Y luego era él quien me tocaba a mí. Cuando lo conté en casa no me creyeron. Aún no sé por qué lo guardo.

Aquí tengo mi colección de discos. Auténticas joyas conseguidas a precio de saldo en el Rastro. Solo por las portadas ya merecen la pena. ¡Eso sí era arte!

Un poco más a la derecha, los apuntes de la universidad. Mi padre se empeñó en que estudiara psicología. Psicoanálisis. Demasiadas películas de Woody Allen, supongo. Ahora, ya no recuerda nada: «un shock», dijeron los médicos, por encontrarse a madre desangrándose en la bañera. No, yo no lo creo. Quizá eso solo aceleró lo inevitable.

Como ves, todo tiene su sitio, su lugar. Todo lo que quiero está aquí, de alguna manera, en su esencia o en su plenitud, guardado en esta gran caja.

Éste será tu sitio, por el momento, hasta que aprendas a quererme. Entonces, quizá te afloje un poco esta cadena que te está dejando una horrible marca sanguinolenta en el tobillo.

No me mires así.

Si prometes no gritar, te soltaré la mordaza por un momento. Bien... Solo será un segundo, aún no puedo fiarme de ti... Tranquila... ¡Vamos! ¿No irás a negarme un beso, verdad? Espero que sigas sabiendo a piruleta, como la primera vez.

JORGE SAUDINÓS

Es una voz eternamente joven. Reconocible y recordado como Oliver en Campeones. Y, si volvemos al presente, voz de El Hombre de Hielo en las películas de X-Men o de John Bradley en Juego de Tronos. Ha dirigido la última entrega de Los Caballeros del Zodiaco y series y videojuegos y... Son muchos años a la espalda, es muy complicado resumirlos en un puñado de datos.

Estaba claro que Jorge Saudinós era el perfecto superhéroe en busca de su hada azul. Y aquí es donde está la magia, porque si cerramos los ojos, esa voz, ese actor, consigue que nos veamos vestidos de Batman, vagando por las calles, en una noche mágica de Halloween.

Un cuento en el que todos nos vemos reflejados, porque todos queremos sentirnos, alguna vez, superhéroes.

Y ese hada azul, esa réplica, se la dio Sonia Ramírez, arrancando el aplauso del público que llenaba el Teatro Victoria.

Gracias, Jorge, por comprometerte con este proyecto, por hacerlo creíble y lograr despertar toda la emoción con este cuento, el último, de un evento irrepetible como fue EL PODER DE LA VOZ.

«Todo mi agradecimiento y cariño a los organizadores de "El poder de la voz" por haberme hecho sentir

111

afortunado al seleccionarme junto a ese gran elenco de compañeros en una iniciativa tan bonita y emotiva... Os deseo mucha suerte».

Jorge Saudinós

TRAS LA MÁSCARA

No me convence esta moda de celebrar Halloween, pero al final he acabado disfrazado de uno de mis superhéroes favoritos: Batman. Y esta noche, parapetado bajo su capa, zanjaré un tema que lleva pendiente demasiado tiempo.

La máscara cubre la mayor parte de mi cara y ni yo mismo soy capaz de reconocerme en el espejo.

Protegido por el anonimato del disfraz, comienzo mi búsqueda. Me cruzo con remolinos de colores: payasos terroríficos, monstruos, duendes,... Marchan en tropel hacia la plaza. Me cuesta avanzar contra corriente. No sé por dónde andarás, solo sé que tus amigas y tú vais vestidas de revoltosas hadas.

Por fin llego a la sala de fiestas. Nadie me reconoce al entrar. Mejor. Ahora formo parte del personaje y el personaje forma parte de mí.

La sala está casi llena. Veo piratas, zombies, un bombero abrazado a un diablo. Intrépidas cazadoras disparan serpentinas de colores a una manada de panteras rosas. Un desvencijado Rey Arturo apura a Ginebra en una copa al fondo de la barra. Y justo al lado, unas chicas charlan, tranquilas, a voces. Tú.

Un hada azul, de alas grandes y puntiagudas, que sobresalen por encima de tu cabeza. Con la cara llena de purpurina y un vestido de lentejuelas que brilla con los golpes de luz. Estás preciosa. Una de las hadas de los Hermanos Grimm. Delicada, deliciosa. Con los rizos cayéndote en los hombros y el vestido ceñido a la cintura por un estrecho cordón plateado. Ahora, solo tengo que acercarme... Y, en mi mundo, todo se detiene. Ya no oigo voces, ni música. Nada. Ya solo pienso en lo que he venido a hacer. Voy directo hacia ti y parece que la gente se aparta a mi paso, dejándome llegar a tu lado en un puñado de zancadas. Pongo mi mano en tu hombro, te giras y me miras desconfiada. Sin decir nada, te cojo suavemente de la barbilla y levanto tu cara. Entonces, sintiendo que mi corazón está a punto de salir huyendo, me acerco y te beso. Despacio. Saboreando tus labios jugosos, con el intenso mentol del caramelo que esconde tu boca. Son míos, aunque solo sea en este momento. Llevaba demasiado tiempo esperándolo.

Pero lo bueno se acaba y nuestro beso también. Me retiro despacio y te observo, aún con los ojos cerrados. Inmóvil, pensando, parada en el instante del beso. «Ya está», pienso, «se acabó...». Pero ha merecido la pena. Nunca sabrás quién se esconde tras la máscara. Y para mí quedará este beso perfecto. No habrá más ocasiones, soy demasiado tímido para atreverme a hacer esto sin la coraza del disfraz.

Los segundos se me hacen eternos y, aprovechando que no reaccionas, inicio la huida. Pero, entonces, siento tu mano sujetándome del brazo. Tiras suavemente de mí para que me acerque. Noto tu aliento cálido rozando en mi oído.

—Que bien que por fin te hayas decidido, Diego.

Y allí, junto a un arlequín con el maquillaje

114

corrido por la risa, una bruja de uñas largas y verdes, un vaquero sin revólver, en mitad del caos, un hada azul se abraza a un superhéroe.

Epílogo

Ahora que los nervios han desaparecido, por fin.

Ahora que soy consciente de que el tiempo, cruel, se ha dado demasiada prisa en pasar, en vuelo fugaz, por encima de nosotros.

Ahora que los recuerdos buscan un lugar donde acurrucarse y quedarse dormidos, hasta que, como en Del revés encuentren la más mínima excusa para volver a proyectarse dentro de mí.

Ahora que se ve que el esfuerzo ha merecido la pena.

Ahora que he conocido a gente a la que siempre he admirado y a la que, ya sí que puedo decirlo con conocimiento de causa, adoro con todas las letras.

Ahora que la sensación de vacío se abre paso, a patadas, y siento como toda la tensión de los meses pasados me atropella sin piedad.

Ahora que no me queda más remedio que comenzar nuevo viaje, aunque aún no tengo claro hacia dónde ni con quién.

Ahora que miles de besos y abrazos me cubren y no quiero quitármelos de encima.

Ahora que me he bajado de los tacones.

Ahora que ya no tengo la coraza de mis criaturas, porque ya no están conmigo, porque han encontrado una voz maravillosa con la que volver a casa.

Ahora que Cat ya solo es un nombre y ya no se puede seguir fingiendo un personaje, tan peculiar y tan escurridizo.

Ahora que solo soy yo, tal cual, con todos mis defectos y mis dos o tres virtudes, con todo lo que siento y la manera en que lo siento...

Ahora que ya he dado la cara y conocéis quién se esconde bajo el gato, quería deciros:

GRACIAS A TODOS.

Gracias por estar y por ser.

Gracias por hacer posible este sueño, que supera con creces todas mis expectativas.

Gracias por demostrar, así, a las bravas, lo que es EL PODER DE LA VOZ; y que, para que ya le quede claro a todo el mundo, es algo mágico, irrepetible, inconfundible, que te recorre el cuerpo y te hace sentir con mayor intensidad que una imagen, un olor, o una caricia.

Porque la voz es capaz de transmitirte todo eso y más.

Porque todos nos hemos sentido parte de las historias que los actores, "mis voces", nos contaron el sábado (31 de octubre de 2015) como solo ellos saben hacerlo. Y porque hay gente que sabe ser magia y que, antes de que sea demasiado tarde, tenemos que decírselo, para que sepan porqué son tan especiales.

Los recuerdos sonoros son los mejores, porque perduran en el tiempo y en nuestra memoria.

Yo nunca podré olvidar como retumbaba el Teatro Victoria de Talavera, con el calor de los actores —"mis voces"— alrededor y ese público, entregado, aplaudiendo puesto en pie.

¡GRACIAS A TODOS!

Cat

ÍNDICE

Printed in Great Britain
by Amazon

53183812R00072